My Mom is Awesome
Minha Mãe é Demais

by
Shelley Admont

Illustrated by
Amy Foster

www.kidkiddos.com
Copyright©2014 by S. A. Publishing ©2017 by KidKiddos Books Ltd.
support@kidkiddos.com

All rights reserved. No part of this book may be reproduced in any form or by any electronic or mechanical means, including information storage and retrieval systems, without written permission from the publisher or author, except in the case of a reviewer, who may quote brief passages embodied in critical articles or in a review.

Todos os direitos reservados. Nenhuma parte deste livro pode ser reimpressa ou reproduzida de qualquer forma, ou por qualquer meio eletrônico, mecânico ou outro, agora conhecido ou futuramente inventado, incluindo fotocópia e gravação, ou em qualquer armazenamento de informação ou sistema de recuperação, sem a permissão por escrito dos editores.

First edition, 2018
Translated from English by Chiara Costa
Traduzido do Inglês por Chiara Costa
Portuguese editing by Thais Osti
Edição em Português de Thais Osti

Library and Archives Canada Cataloguing in Publication
My mom is awesome (Portuguese Bilingual Edition)/ Shelley Admont
ISBN: 978-1-5259-0877-4 paperback
ISBN: 978-1-5259-0878-1 hardcover
ISBN: 978-1-5259-0876-7 eBook

Please note that the Portuguese and English versions of the story have been written to be as close as possible. However, in some cases they differ in order to accommodate nuances and fluidity of each language.
Although the author and the publisher have made every effort to ensure the accuracy and completeness of information contained in this book, we assume no responsibility for errors, inaccuracies, omission, inconsistency, or consequences from such information.

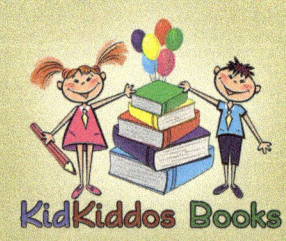

For my awesome kids

Para minhas crianças incríveis

Hi, it's me, Liz.
Oi, sou eu, a Liz.

Did you know my Mom is awesome?
Você sabia que minha Mãe é demais?

Well, she is! She is smart and funny, strong and patient, kind and beautiful — she's amazing!
Então, ela é! Ela é inteligente e engraçada, forte e paciente, gentil e bela — ela é maravilhosa.

"Good morning, sunshine! It's time to rise!" I hear a soft whisper in my ear.
"Bom dia, flor do dia! Está na hora de levantar!", eu ouço uma voz suave em meu ouvido.

That's my mom, waking me up.
É a minha mãe, me acordando.

She gives me a million gentle kisses and hugs me tight, but I still cannot open my sleepy eyes.
Ela me dá um milhão de beijinhos gentis e abraços apertados, mas eu ainda não consigo abrir meus olhos sonolentos.

"Mommy, I want to sleep," I mutter quietly. "Just for one more minute, please."
"Mamãe, eu quero dormir," eu murmuro silenciosamente. "Só por mais um minutinho, por favor.

She kisses me more and more, but it doesn't help.
Ela me beija mais e mais, mas isso não ajuda.

So she gives me a piggyback ride to the bathroom.
She is so strong, my mom.

Então ela me carrega nos ombros até o banheiro. Ela é tão forte, a minha mãe.

She keeps kissing and tickling me until I start laughing hard.

Ela continua me beijando e me fazendo cócegas até eu começar a gargalhar.

Opening one eye, I look at her.

Abrindo um olho, eu olho para ela.

"Is that a new dress? You look so pretty!" I exclaim and wake up right away.

"É um vestido novo? Você está linda!" eu exclamo, despertando logo em seguida.

Mom smiles. She is really beautiful. I like her dresses, her shoes, and how she does her hair.

Mamãe sorri. Ela é muito linda. Eu gosto dos seus vestidos, dos seus calçados e da forma como ela faz o cabelo.

"Can you make me something fancy today?" I ask, a glimmer of hope in my eyes. "The braid we saw yesterday on the TV show, can you do something like that?"

"A senhora pode fazer um penteado elegante hoje?" eu pergunto com um lampejo de esperança nos olhos. "A trança que nós vimos ontem na TV, você pode fazer algo parecido?"

I know that she can do anything. My mom is awesome.

Eu sei que ela pode fazer qualquer coisa. Minha mãe é demais.

Even if she doesn't know how to do something at first, she continues to try until she succeeds. She never gives up.

Até quando ela não sabe como fazer algo de primeira, ela continua tentando até conseguir. Ela nunca desiste.

My Mom twirls and weaves my hair until it's a beautiful braid running behind my head.

Minha mãe girou e ondulou meus cabelos até formar uma linda trança descendo pelas minhas costas.

I'm so thrilled to go to class with my new hair. I can already imagine my friends' reactions. I'm sure Amy will love it.

Eu estou tão contente de ir à escola com meu novo cabelo. Eu já posso imaginar a reação das minhas amigas. Tenho certeza que Amy vai amar.

"Your hairstyle is so cool! I saw the same one on TV yesterday!" Amy jumps with excitement. "Who made it?"

"Seu cabelo está tão legal! Eu vi o mesmo penteado na TV ontem!" Amy salta de empolgação. "Quem fez?"

"My mom!" I say proudly.

"Minha mãe!" digo orgulhosamente.

"It's a reversed braid!" Amy announces, after a couple of minutes. "With a twist!"

"É uma trança invertida!" Amy anuncia após alguns minutos. "Com um giro!"

I hear other voices. "It's so cool!" "It looks complicated!" "It probably took a lot of time!"

Ouço outras vozes. "Está tão legal!" "Parece complicado!" "Deve ter demorado muito!"

Finally Amy asks, "Can you ask your mom to teach my mom to make this braid?"

Finalmente, Amy pergunta, "Você pode pedir para sua mãe para ensinar minha mãe a fazer essa trança?"

"Sure! She..." I start to say, but the bell interrupts me and Mr. Z enters the class.

"Claro! Ela..." eu começo a falar, mas o sinal me interrompe e o Sr. Z entra na sala.

Usually I love math, but today it's just terrible.

Normalmente, eu amo matemática, mas hoje está terrível.

"We are going to learn about fractions," says Mr. Z, while filling the board with strange drawings.

"Nós vamos aprender sobre frações," diz o Sr. Z, enquanto enche o quadro com desenhos estranhos.

Why is it so complicated? Halves, thirds and fourths ... my head is going to explode.

Por que é tão complicado? Metades, terços e quartos... minha cabeça vai explodir.

I don't give up though; I ask questions, exactly like my mom would do.

Mesmo assim, eu não desisto; eu faço perguntas, exatamente como minha mãe faria.

Mr. Z explains one more time and after, he shows us a fun video about fractions.

O Sr. Z explica mais uma vez e, depois, ele nos mostra um vídeo divertido sobre frações.

"Next, we'll play a game," he announces. "We'll find fractions in our classroom."

"Agora vamos jogar," ele anuncia. "Nós vamos encontrar frações em nossa sala."

But my favorite part of this class is when Mr. Z gives us small colorful jellybeans and we divide them by color.

Mas a minha parte favorita da aula é quando o Sr. Z nos dá jujubas coloridas e nós as dividimos por cor.

I think I understand fractions much better now, but I still don't feel comfortable with all these strange numbers.

Eu acho que consigo entender frações muito melhor agora, mas eu ainda não me sinto confortável com todos esses números esquisitos.

At recess Amy and I run to our favorite place to play — the monkey bars. I love to climb up and hang upside-down.

No recreio, Amy e eu corremos para o nosso brinquedo preferido — as barras de pendurar. Eu adoro subir e me pendurar de cabeça para baixo.

But today on my way to the monkey bars, somehow my jeans get caught in a bush and tear right on my knee.

Mas hoje, no caminho para as barras, de alguma forma, meus jeans ficaram presos em um arbusto e rasgaram bem no meu joelho.

I almost burst into tears. "These are my favorite pair of jeans. Look, the tear is huge."

Eu quase explodo em lágrimas. "Esses são meus jeans preferidos. Olha, o rasgo é enorme."

Finally I'm home and Mom's back from work. She always understands what I feel.

Finalmente, eu estou em casa e Mamãe está de volta do trabalho. Ela sempre entende como me sinto.

"How was your day, sweetie?" her voice full of care. She wraps me in her arms and continues asking questions until I share everything with her.

"Como foi seu dia, querida?" sua voz cheia de atenção. Ela me envolve em seus braços e continua fazendo perguntas até que eu lhe conte tudo.

I spill to her all about fractions, the tear in my jeans and how frustrated I feel.

Eu conto para ela tudo sobre as frações, o buraco em meus jeans e de como me sinto frustrada.

Mom always finds a solution to any problem.

Mamãe sempre encontra uma solução para qualquer problema.

"What shape do you want to cover your tear? Heart or star?" Of course I choose a large pink heart.

"Em que formato você quer o remendo? Coração ou estrela?" claro que escolhi um enorme coração vermelho.

She sews a heart-shaped patch over the hole on my torn jeans, so no one will notice the hole underneath. How cool is that?

Ela costura um remendo, em formato de coração, sobre o rasgo em meus jeans para que ninguém perceba o buraco embaixo. Isso não é demais?

"Oh, thank you, Mommy," I exclaim happily. "These jeans look so fancy now. Let's put another patch here!"

"Oh, obrigada, Mamãe," eu exclamo contente. "Esses jeans parecem tão bacanas agora. Vamos por outro remendo aqui!"

We work together and design my new cool outfit.

Nós trabalhamos juntas e desenhamos a minha nova roupa legal.

We sew two smaller heart patches on my jeans and one larger heart on my T-shirt.

Nós costuramos dois corações menores nos meus jeans e um maior na minha camiseta.

"Look, now you have new jeans and a matching T-shirt," she says.

"Olha, agora você tem jeans novos e uma camiseta combinando," ela diz.

"Mom, you're my hero!" I announce, hugging her tight. We both start laughing loudly.

"Mãe, você é minha heroína!" eu anuncio a abraçando forte. Nós duas começamos a rir alto.

Then she pulls me into the kitchen. "It's a time for something sweet. Let's make cupcakes. But we need to use fractions in order for this to work."

E então, ela me puxa para a cozinha. "É hora para algo doce. Vamos fazer cupcakes, mas nós precisamos usar frações para que dê certo."

"Don't be afraid," Mom says softly. "We'll make it together."

"Não tenha medo," Mamãe diz delicadamente. "Nós faremos isso juntas."

I take a deep breath and open Mom's big cooking book.

Eu respiro fundo e abro o enorme livro de receitas da Mamãe.

"For five cupcakes you'll need a quarter cup of flour," I read.

"Para cinco cupcakes você precisará de um quarto de copo de farinha," eu leio.

"We'll make fifteen cupcakes, for Daddy also," Mom says, "so we need..."

"Nós vamos fazer quinze cupcakes, para dar para o Papai também," Mamãe diz, "então, nós precisamos de..."

"Three quarter cups of flour!" I exclaim happily. "It's easy!"

"Três quartos de copo de farinha!" eu exclamo contente. "É fácil."

When the evening comes, Mom tucks me in my bed, covers me with my butterfly blanket and says, "I love you, pumpkin."

Quando a noite chega, Mamãe me coloca na cama, me cobre com meu cobertor de borboleta e diz, "Eu te amo, minha rosa."

"I love you, Mommy," I whisper with a big yawn fluttering my eyes shut. As I think about the wonderful day we had, I fall asleep.

"Eu te amo, Mamãe," eu sussurro, com um enorme bocejo apertando meus olhos. Enquanto penso no dia maravilhoso que tive, eu adormeço.

I wake up in the morning, because I feel warm kisses on my face and hear a gentle voice: "Good morning, sweetie. It's time to rise and shine."

Eu acordo pela manhã porque sinto beijinhos em meu rosto e ouço uma voz gentil: "Bom dia, querida. É hora de levantar e brilhar."

My eyes are still closed but I feel her near me. She strokes my hair and it feels wonderful.

Meus olhos ainda estão fechados, mas a sinto perto de mim. Ela me faz um cafuné e é uma sensação maravilhosa.

I love my mom. She's awesome. When I grow up, I want to be exactly like her!

Eu amo a minha mãe. Ela é demais. Quando eu crescer, eu quero ser exatamente como ela!

And guess what? Your mom is awesome too. Make sure to give her a hug to let her know how amazing she is!

E adivinhe? Sua mãe também é demais! Não se esqueça de abraçá-la e dizer o quão incrível ela é!

www.ingramcontent.com/pod-product-compliance
Lightning Source LLC
Chambersburg PA
CBHW061140070526
44584CB00033B/4374